BEI GRIN MACHT SICH IHR WISSEN BEZAHLT

- Wir veröffentlichen Ihre Hausarbeit,
  Bachelor- und Masterarbeit

- Ihr eigenes eBook und Buch -
  weltweit in allen wichtigen Shops

- Verdienen Sie an jedem Verkauf

Jetzt bei www.GRIN.com hochladen
und kostenlos publizieren

Big Data Analytics in Industrie 4.0. Potenzialevaluation im Bereich der Produktionsplanung und -steuerung

Michael Poiger

Bibliografische Information der Deutschen Nationalbibliothek:

Die Deutsche Nationalbibliothek verzeichnet diese Publikation in der Deutschen Nationalbibliografie; detaillierte bibliografische Daten sind im Internet über http://dnb.d-nb.de abrufbar.

ISBN: 9783346593825
Dieses Buch ist auch als E-Book erhältlich.

© GRIN Publishing GmbH
Nymphenburger Straße 86
80636 München

Druck und Bindung: Books on Demand GmbH, Norderstedt Germany
Gedruckt auf säurefreiem Papier aus verantwortungsvollen Quellen

Das vorliegende Werk wurde sorgfältig erarbeitet. Dennoch übernehmen Autoren und Verlag für die Richtigkeit von Angaben, Hinweisen, Links und Ratschlägen sowie eventuelle Druckfehler keine Haftung.

Das Buch bei GRIN: https://www.grin.com/document/1174145

Hochschule Fresenius

Fachbereich onlineplus

Studiengang: Digital Business Management and Engineering (M. Sc.)

Hausarbeit

Big Data Analytics in Industrie 4.0:

Potenzialevaluation im Bereich der Produktionsplanung und -steuerung

Michael Poigor

Modul: Data Science Management (M209)

Abgabedatum: 16.12.2020

Inhaltsverzeichnis

Abkürzungsverzeichnis

CPS   Cyber-physische System

IoT   Internet der Dinge

IoE   Internet of Everything

PPS   Produktionsplanung und -steuerung

RFID   Radio-Frequency Identification

1 Einleitung

Unsere Gesellschaft befindet sich derzeit im Zeitalter der vierten industriellen Revolution. Die demzufolge für Unternehmen eintretenden disruptiven Veränderungen betreffen sämtliche Bereiche der Wertschöpfung. Dadurch entsteht ein Umschwung, welcher zu einer digitalen Ökonomie führt. Innovative Fortschritte bei technologischen Entwicklungen, wie z. B. cyberphysische Systeme (CPS), hochentwickelte Robotik, Internet of Things (IoT), Sensorik, Big Data und intelligente Software-Systeme führen dazu, dass sich die zukünftigen Arbeitsabläufe ändern (BMAS, 2015).

Der Bereich Big Data hat sich in diesem Zusammenhang mittlerweile zum regelrechten Top-Trend in der Informationstechnologie entwickelt (Gölzer, 2017). Im Hype Cycle for Emerging Technologies von Gartner aus dem Jahr 2014 erreichte Big Data bereits den Gipfel der überzogenen Erwartungen. Auf Basis der genannten Entwicklungszeiträume befindet sich die Disziplin aktuell auf der Zielgeraden zum Produktivitätsplateau. Diese Evolution hat ihren Ursprung im rasanten Wachstum von Datenmenge und Datenvielfalt im Zeitalter des Internets. Die Wurzeln liegen dabei in den primären Bereichen der Statistik und Datenanalyse. In Korrelation mit den modernen Entwicklungen der Informationstechnologie können große Datenmengen nahezu in Echtzeit erfasst, dokumentiert und analysiert werden, wodurch eine Vielzahl an potenziellen Anwendungen entsteht (Ahmadi, Dileepan & Wheatley, 2016).

Die gewonnenen Erkenntnisse sollen dabei nicht nur zur Bewertung vergangener Prozesse, sondern zur proaktiven Gestaltung des Unternehmens genutzt werden. In diesem Kontext sind die verfügbaren Daten mithilfe von Big Data Analytics zielgerichtet zu verarbeiten und in die jeweiligen Geschäftsprozesse miteinzubinden (Davenport 2007). Der wirtschaftliche Nutzen umfasst sämtliche Funktionsbereiche, wie z. B. Produktion, Logistik, Marketing und Vertrieb (BITKOM, 2012). Ein Großteil der heutigen Unternehmen ist jedoch noch weit davon entfernt, den Mehrwert zu erkennen, den eine derartige Analyse hervorbringen kann (Henke, Bughin & Chui, 2016).

In Verbindung mit Industrie 4.0 und der Zielsetzung einer Smart Factory resultieren im unternehmerischen Umfeld vielfältige Einsatzbereiche. Dabei bleiben die konventionellen Disziplinen der Produktionsplanung und -steuerung bestehen, müssen jedoch um technologiegetriebene Ansätze wie z. B. Big Data Analytics ergänzt werden. Verwendungsmöglichkeiten liegen diesbezüglich hauptsächlich in der Szenario-Simulation. Im Rahmen der Hausarbeit ermöglicht die Erstellung einer situationsbezogenen SWOT-Analyse auf Grundlage von Literaturrecherche die Evaluation des entstehenden Potenzials. Abschließend lässt sich anhand der Analyseergebnisse die Frage beantworten, welche Strategie in diesem Kontext für Unternehmen empfehlenswert ist.

2 Technologische Grundlagen

Im Vorfeld ist es unumgänglich, ein grundlegendes Verständnis für die in der Hausarbeit verwendeten Begrifflichkeiten zu schaffen. Aufgrund einer Vielzahl an revolutionären technischen Entwicklungen sind die jeweiligen Bezeichnungen aus dem konventionellen Sprachgebrauch nicht mehr wegzudenken. Aus diesem Grund erfolgt eine prägnante Beschreibung der technologiegetriebenen Termini Industrie 4.0, Big Data sowie Analytics.

2.1 Industrie 4.0

Der Begriff steht prinzipiell für die vierte Entwicklungsstufe der industriellen Revolution und hat seit der Veröffentlichung des Berichts „Umsetzungsempfehlungen für das Zukunftsprojekt Industrie 4.0" durch die Forschungsunion und acatech im Jahr 2013 eine regelrecht dynamische Entwicklung erfahren. Längst wird unter diesem Terminus nicht nur die triviale Anwendung neuer technologischer Möglichkeiten in der Produktion verstanden (Gölzer, 2017). Die Auslegung in der Wissenschaftskommunikation reicht dabei von Geschäftsmodellinnovationen (Emmerich et al., 2015) über neue Arbeitswelten (Spath et al., 2013) bis hin zur digitalen Transformation ganzer Branchen und Industrien und geht somit weit über das Zukunftsprojekt der deutschen Bundesregierung hinaus (Bloching et al., 2015; Koch et al., 2014). Im Folgenden wird zunächst auf die Begriffsdefinition eingegangen. Anschließend erfolgt eine Darstellung der möglichen Konzepte und der in diesem Kontext verwendeten Technologien.

2.1.1 Begriffsdefinition

Industrie 4.0 ist grundsätzlich ein Marketingbegriff, welcher die Individualisierung bzw. Hybridisierung von Produkten (Koppelung der Produktion und Dienstleistung) und eine Integration von Kunden und Geschäftspartnern in die Geschäfts- und Wertschöpfungsprozesse beschreibt (Bendel, 2019). Dieser Vorgang erfordert eine neue Stufe der Organisation und Steuerung der gesamten unternehmerischen Wertschöpfungsbereiche über den Lebenszyklus von Produkten. Die Basis hierfür bildet ein ganzheitliches Management, die permanente Verfügbarkeit sämtlicher relevanter Informationen in Echtzeit, eine Vernetzung aller beteiligten Instanzen und die Fähigkeit, aus den vorliegenden Daten zu jedem Zeitpunkt den optimalen Wertestrom abzuleiten (BITKOM, 2014).

Der Kerninhalt umfasst die konsequente Weiterentwicklung der bisherigen Digitalisierungsvorhaben und beschreibt die zunehmende Informatisierung der Fertigungstechnologien. Das übergeordnete Ziel besteht in der Entwicklung einer sogenannten Smart Factory (Kreutzer, Neugebauer & Pattloch, 2017). Durch internetbasierte Technologien werden intelligente Produktionssysteme, IT-Systeme und Individuen miteinander vernetzt, wodurch gänzlich neue Formen einer betrieblichen Produktionsorganisation ermöglicht werden (BITKOM, 2014).

Industrie 4.0 tangiert somit zunächst alle vorhandenen Funktionsbereiche eines Industriebetriebes inkl. einer Integration komplexer physischer Maschinen und Geräte in vernetzte Sensoren und Software (Shafiq et al., 2015). Einhergehend mit dem Internet of Everything (IoE) und der Shared Economy stellt diese informatorische Verbindung den Enabler des bereits erwähnten Aufbaus von wandlungsfähigen, echtzeitoptimierten, sich selbst gestaltenden und übergreifenden Wertschöpfungsnetzwerken dar. Infolgedessen können vorhandene Effizienz- und Effektivitätsreserven bei der Leistungserbringung ausgeschöpft und unterschiedliche Kriterien wie z. B. Kosten, Ressourcenverbrauch und Maschinenverfügbarkeit optimiert werden (BITKOM, 2014; Kreutzer et al., 2017).

2.1.2 Technologien

Der im Vorfeld beschriebene Ansatz basiert auf einer Vielzahl an technischen Aspekten, die im Kontext der Industrie 4.0 zum Einsatz kommen. Zunächst wird ein Überblick der drei grundlegenden Integrationsstrategien geschaffen. Eine Einteilung erfolgt dabei anhand der nachfolgenden Konzepte (Kagermann, Wahlster & Helbig, 2013):

- *Horizontale Integration über Wertschöpfungsnetzwerke:*
  Durchgängige Integration von IT-Systemen zur Ausgestaltung von Wertschöpfungsketten. Die Einbettung in z. B. Forschungs-, Entwicklungs- und Produktionsbereiche wird über Unternehmensgrenzen hinweg vorgenommen. Eine Umsetzung neuer Geschäftsmodelle und -strategien steht im Vordergrund.

- *Vertikale Integration und vernetzte Produktionssysteme:*
  Der Gestaltungsrahmen dieser Strategie ist die Fabrik. In der zukünftigen Smart Factory erfolgt der Aufbau und die Realisierung flexibler und rekonfigurierbarer Produktionssysteme innerhalb eines Unternehmens. Die digitale Integration der Systeme umfasst dabei sämtliche Hierarchieebenen.

- *Durchgängigkeit des Engineerings über die gesamte Wertschöpfungskette:*
  Integration aller Systeme, die während des gesamten Produktlebenszyklus benötigt werden. Daraus resultiert eine zunehmende Verschmelzung der digitalen und realen Welt. Das Konzept geht zur Beherrschung der Komplexität über Unternehmensgrenzen hinweg und bezieht Kundenanforderungen gezielt mit ein.

Im Zentrum von Industrie 4.0 stehen cyber-physische Systeme (CPS), welche die Entwicklung von smarten Systemen erst ermöglichen (Anderl, 2015). Darunter sind intelligente Maschinen, Speichersysteme und Produktionsanlagen zu verstehen. Diese stellen eingebettete Systeme mit erweiterten Fähigkeiten dar. Hierzu zählen insbesondere der autonome Austausch von Informationen, die Auslösung von Aktionen und die Möglichkeit der eigenständigen Verknüpfung mit weiteren CPS (Kagermann et al., 2013). Die wesentlichen Komponenten umfassen dabei u. a. Sensoren, Aktoren und Schnittstellen. Jede Anlage besitzt neben einer physischen auch eine digitale, virtuelle Repräsentanz (Broy, 2010).

Eine Kommunikation und Kooperation cyber-physischer Systeme soll dabei über internetbasierte Plattformen erfolgen. In diesem Zusammenhang entsteht eine Verschmelzung von physischen Erzeugnissen mit digitalen Services zu hybriden Lösungen, was völlig neue Perspektiven verspricht (Fleisch, Weinberger & Wortmann, 2015). Deswegen wird das Internet der Dinge (Internet of Things, IoT) als weiterer zentraler Bestandteil eng mit Industrie 4.0 assoziiert (Gölzer, 2017).

Durch die lückenlose Vernetzung und Sensorisierung der Fertigung werden große Datenmengen erzeugt (Leveling, Edelbrock & Otto, 2014). Für die effiziente Nutzung dieser Information spielen Big-Data-Technologien und Analytics-Verfahren eine entscheidende Rolle. Im Zeitalter der Industrie 4.0 wird dieser datengetriebene Ansatz sukzessive die Vorgehensweisen der bisherigen Produktionsorganisation substituieren, wodurch diesem Bereich ein besonders hoher Stellenwert zuzuschreiben ist (Emmerich et al., 2015). Dementsprechend werden die beiden Begriffe im Folgenden einer genaueren Betrachtung unterzogen.

2.2 Big Data

Mit der rapiden Entwicklung von innovativen Netzwerken, Datenspeicherungssystemen und Datenerhebungskapazitäten ist Big Data aus sämtlichen Bereichen der Wirtschaft, Wissenschaft und Technik nicht mehr wegzudenken (Wu et al., 2014). In den vergangenen 20 Jahren hat die Anzahl an verfügbaren Informationen in beträchtlichem Umfang zugenommen. Der Datenbestand wird sich künftig weiterhin etwa alle zwei Jahre verdoppeln (Moore, 1965). Im Kontext dieser explorativen Zunahme wird der Terminus hauptsächlich zur Beschreibung enormer Datenmengen herangezogen (Chen, Mao & Liu, 2014). Obwohl der Begriff mittlerweile allgegenwärtig ist, herrscht in der fachspezifischen Literatur beträchtliche Unstimmigkeit hinsichtlich der exakten Bedeutung (Hartmann et al., 2014). Im Laufe der Zeit hat sich eine große Anzahl verschiedener Definitionen herausgebildet. Die Gründe liegen in der Variabilität des Themas und in unterschiedlichen Perspektiven beteiligter Interessensgruppen, wodurch auch Verwirrungen in der Gesellschaft entstanden sind (Gandomi & Haider, 2015; Gölzer, 2017). Deswegen wird zunächst ein einheitliches Begriffsverständnis geschaffen. Anschließend erfolgt die Beschreibung der für Big Data charakteristischen Eigenschaften.

2.2.1 Begriffsdefinition

Eine Vielzahl der Definitionen von Big Data konzentriert sich lediglich auf die Menge der gespeicherten Daten. Jedoch werden mit dem Terminus u. a. auch eine hohe Datenkomplexität, neue technologische Möglichkeiten der Datenverarbeitung sowie wirtschaftliche Potenziale assoziiert (BITKOM, 2012). Diese Sichtweise entspricht der Definition von Gartner, wonach es sich bei Big Data um hochvolumige, rasant verändernde und vielfältige Datenbestände handelt, die auf kostengünstige und innovative Formen der Informationsverarbeitung zurückgreifen, um die zukünftige Entscheidungsfindung sowie Prozessautomatisierung zu verbessern (Gartner, o. J.). Dabei stehen eine wirtschaftlich sinnvolle Gewinnung und Nutzung entscheidungsrelevanter Erkenntnisse im Vordergrund (BITKOM, 2012).

Im Vergleich zu herkömmlichen Datensätzen handelt es sich hierbei hauptsächlich um unstrukturierte bzw. semistrukturierte Daten, welche auf einer Echtzeitanalyse basieren. Eine Herausforderung besteht dabei in einer effektiven und effizienten Organisation und Verwaltung der Datensätze (Chen et al., 2014). Der Umfang erreicht dabei solche Ausmaße, dass diese nicht mit herkömmlichen Methoden verarbeitet werden können (Dumbill, 2010).

Die in der Wissenschaft und Praxis vorhandenen Definitionen enthalten im Wesentlichen drei grundlegende Aspekte, die mit dem Terminus assoziiert werden. Zum einen wird Big Data als Synonym für große Datenmengen mit einer hohen Komplexität angesehen. Darüber hinaus steht der Begriff für neue Technologien und eine effiziente Verarbeitung und Analyse der gewonnenen Informationsinhalte. Die Nutzung wirtschaftlicher Potenziale sowie die Entwicklung neuer Geschäftsmodelle durch die Auswertung der Datenmengen stellt den abschließenden Aspekt dar (Gölzer, 2017). Die Betrachtung der drei Perspektiven ermöglicht eine vollumfängliche Definition und widerlegt den Mythos, wonach es sich bei Big Data lediglich um das immense Datenvolumen handelt (Russom, 2011).

2.2.2 Charakteristische Eigenschaften

Die gängigen Definitionen schreiben Big Data drei oder vier spezifische Eigenschaften zu. Mittlerweile wurden zur Beschreibung des abstrakten Konzepts weitere Merkmale entwickelt (Chen et al., 2014). Nachfolgend werden die 5 V´s von Big Data dargestellt.

- *Volumen (Volume)*

  Diese Dimension beschreibt die große Menge an Daten, welche aufgenommen, analysiert und gemanagt werden muss. Der Umfang steigt dabei mit der Anzahl an Quellen und der höheren Auflösung bzw. Datentiefe (King, 2014). In diesem Kontext spielt das Moore'sche Gesetz eine entscheidende Rolle. Durch die damit verbundene Sensorisierung sämtlicher Lebensbereiche werden immer mehr digitale Daten erzeugt. Dabei nimmt auch der Grad der gegenseitigen Vernetzung ständig zu (Dorschel & Dorschel, 2015).

- *Geschwindigkeit (Velocity)*

Schnelllebigkeit umfasst die Geschwindigkeit, mit der Datensätze neu geschaffen, bestehende aktualisiert oder diese gänzlich gelöscht werden. Der Vorgang verlangt eine rasche Analyse und Entscheidungsfindung. Auf diese Änderungszyklen wirkt sich vor allem die Datenerhebungsform aus (Kreutzer et al., 2017). Beeinflusst wird der Bereich zusätzlich von der Anzahl der Quellen und der gesteigerten Rechenleistung der datengenerierenden Geräte (King, 2014).

- *Vielfalt (Variety)*

  Hierunter ist die Vielzahl an potenziellen internen und externen Datenquellen zu verstehen. Zusätzlich werden damit die divergierenden Dateiformate der unterschiedlichen Quellen beschrieben (Kreutzer et al., 2017). Neben strukturierten Daten zählen dazu vor allem semistrukturierte und unstrukturierte Daten (Chen et al., 2014). Dabei können auch bisher unbekannte Strukturierungsformen auftreten (King, 2014).

- *Vertrauenswürdigkeit (Veracity)*

  In dieser Dimension lässt sich die Qualität und Quelle der rezipierten Daten beschreiben. Die Vertrauenswürdigkeit bezieht sich somit sowohl auf die Herkunft als auch auf den Inhalt der Daten. Der Bereich erfasst darüber hinaus z. B. den Grad der Richtigkeit, Sinnhaftigkeit, Vollständigkeit und Verlässlichkeit der erhobenen Daten (Dorschel & Dorschel, 2015). Die abschließende Ableitung von datenbasierten Entscheidungen verlangt eine konsistente Begründbarkeit sowie Nachvollziehbarkeit (King, 2014).

- *Mehrwert (Value)*

  Die Generierung eines Mehrwerts bildet die wichtigste Komponente von Big Data. Ein Einsatz ist tendenziell nur dann erstrebenswert, wenn sich ein wirtschaftlicher Vorteil erzeugen lässt (Marr, 2014). Systematische Kosten-Nutzen-Analysen ermöglichen eine adäquate Implementierung von Big-Data-Initiativen, wodurch die Produktivität und Wettbewerbsfähigkeit von Unternehmen und öffentlichen Sektoren verbessert und enorme Vorteile für die Konsumenten generiert werden können (Chen et al., 2014; Marr, 2014).

2.3 Analytics

Das reine Sammeln und Speichern einer Vielzahl von Daten erzeugt noch keinen wirtschaftlichen Wert. Die Auswertung zur Ermittlung von Erkenntnissen mithilfe geeigneter Big Data Analytics-Methoden ist einer der wichtigsten Bausteine zur Schaffung des Mehrwerts (Dorschel et al., 2015). Deswegen hat der Begriff in den letzten Jahren eine große Popularität in der Geschäftswelt erlangt (Gölzer, 2017). Zunächst wird die prägnante Definition vorgenommen, bevor anschließend auf die unterschiedlichen Klassifizierungen eingegangen wird.

2.3.1 Begriffsdefinition

Analytics (dt. Analytik) ist die Lehre oder Kunst der Wissenschaft und des Analysierens zur Entdeckung von Erkenntnissen (Dorschel et al., 2015). Dabei werden ausgefeilte mathematische Verfahren durch Integration mit einer Vielzahl an Daten und Expertenwissen kombiniert, um Datenanalysen auszuführen und solide und zeitnahe Entscheidungen zu treffen. Ziel ist eine Offenlegung signifikanter Muster in beträchtlichen Datenmengen (Delen, 2015).

Eine ähnliche Begriffsdefinition liefern Davenport & Harris, die unter Analytik eine extensive Nutzung von Daten, statistischen und quantitativen Analysen, explanativen sowie prädiktiven Modellen und faktenbasiertem Management verstehen, um Entscheidungen und Maßnahmen voranzutreiben (2007). Des Weiteren wird der Terminus unmittelbar für die Menge sämtlicher Analysemethoden verwendet. Analytics umfasst als Oberbegriff insbesondere Verfahren aus den Bereichen Statistik und Data Mining bzw. dem maschinellen Lernen. Zusätzlich zu den Methoden werden oft auch die den primären Analyseprozess unterstützenden Technologien und Werkzeuge mit dem Begriff assoziiert (Dorschel et al., 2015). Aus diesem Grund wird Analytics oftmals als Synonym für Begriffe wie z. B. Business Intelligence, Data Mining und Knowledge Discovery in Databases verstanden (Delen, 2015).

2.3.2 Klassifizierungen

Durch Analytics wird mittlerweile ein breites Spektrum an Geschäftsanwendungen unterstützt. Zur Festlegung und Strukturierung der Aufgaben und Ziele existieren zahlreiche Taxonomien, die jedoch grundsätzlich identisch sind. Dabei erfolgt die Darstellung der Ausprägungen als hierarchische Anwendung mit zunehmender Reife, Komplexität und steigendem Geschäftspotenzial (Gölzer, 2017). Eine Unterscheidung nach der Art der adressierten Fragestellung spielt dabei eine zentrale Rolle. Die Ausprägungen umfassen dabei sämtliche Bereiche, von der passiven Vergangenheitsbetrachtung hin zur aktiven Gestaltung der Zukunft. Die daraus resultierende Analytics-Varianten sind im Folgenden genauer beschrieben.

- *Descriptive Analytics (Was ist geschehen?)*
  Methoden zur beschreibenden Analyse stellen den Einstieg in die Welt der Analytik dar. Sie dienen der allgemeinen Beschreibung oder der Zusammenfassung eines Sachverhalts und ebnen den Weg für eine differenzierte Entscheidungsanalyse. Die Systeme arbeiten in einem Data Warehouse und beantworten weitere charakteristische Fragen, z. B. nach dem Wann und Wo. Das Analysespektrum deckt sich mit

dem der Business Intelligence, weshalb die beiden Begriffe oft als Synonym verwendet werden (Delen, 2015; Dorschel et al., 2015).

- *Diagnostic Analytics (Warum ist es geschehen?)*
  Mithilfe der diagnostischen Verfahren wird eine ganzheitliche Ursachenanalyse durchgeführt. Das Datenmaterial wird dabei durch eine explorative Vorgehensweise ermittelt (Banerjee, Bandyopadhyay & Acharya, 2013). Die Analysemethode ermöglicht die Ableitung von Korrelationen, jedoch lassen sich dabei nur vereinzelt kausale Zusammenhänge feststellen (Dorschel et al., 2015).

- *Predictive Analytics (Was könnte geschehen?)*
  Die prädikativen (vorhersagenden) Analysen implizieren intelligente sowie wissenschaftliche Schätzungen über die zukünftigen Werte verschiedener Variablen (Delen, 2015). Sie suchen nach Optionen für mögliche strategische Erfolgsfaktoren, prognostizieren potenzielle Ergebnisse und definieren die Treiber der erfassten Phänomene (Banerjee et al., 2013). Hierfür werden spezielle Techniken des Data Mining auf historische Daten angewendet (Gölzer, 2017).

- *Prescriptive Analytics (Was soll geschehen?)*
  Eine solche Art der Datenanalyse geht über das reine Beschreiben, Erklären und Vorhersagen hinaus und schlägt vor, mit welchen Ausführungen ein angestrebtes Geschäftsziel optimal erreicht werden kann (Banerjee et al., 2013). Die Vorgehensweise stellt die höchste Form der Entscheidungsunterstützung in einem Unternehmen dar (Dorschel et al., 2015). Die Stufe der Analyse basiert auf optimierungs- und simulationsbasierten Modellierungstechniken (Delen, 2015).

3 Produktionsplanung und -steuerung

Die Produktionsplanung und -steuerung (PPS) bildet nach wie vor den zentralen Kernbereich eines jeden Industrieunternehmens und repräsentiert prinzipiell auch den wesentlichen Baustein des integrierten Produktionssystems (Schuh, 2006). Die PPS als Bestandteil des operativen Produktionsmanagements sorgt für eine wirtschaftliche Gestaltung und den reibungslosen Ablauf aller Produktionsprozesse (Siepermann, 2018). Der Bereich beschäftigt sich insgesamt mit vier unterschiedlichen Problemstellungen. Hierzu zählen Mengen-, Termin-, Zuordnungs- und Reihenfolgenprobleme (Hackstein, 1989). Eine erste Betrachtung erfolgte dabei ebenfalls durch Hackstein (1984). Er gliedert die PPS aus einer Perspektive der organisatorischen sowie technischen Auftragsabwicklung in zwei relevante Hauptdisziplinen. Hierbei handelt es sich zum einen um die Produktionsplanung und zum anderen um die Produktionssteuerung. Das zu evaluierende Themengebiet ist folglich sehr weitläufig definiert.

Aus diesem Grund soll nachfolgend ein kurzer Abriss der beiden primären Begriffe wiedergegeben werden.

3.1 Produktionsplanung

Der erste Teilbereich enthält die Aspekte der Datenverwaltung, Produktionsprogrammplanung, Mengenplanung, Termin- und Kapazitätsplanung (Hackstein, 1984). Die Produktionsplanung umfasst das systematische Suchen und Bestimmen von Zielen für die Produktion, das Vorbereiten von Produktionsaufgaben und die Festlegung des Ablaufes zum Erreichen dieser Zielsetzungen (VDI, 1992). Im Ebenenmodell der Produktion ist diese Disziplin organisatorisch der Unternehmensleitebene zuzuordnen (VDI 5600 Blatt 1:2016-10, 2016). Der Terminus umschreibt die Konzeption künftiger Unternehmensaktivitäten für einen längerfristigen Zeitraum. Dabei wird in der Regel hierarchisch vorgegangen, indem zuerst eine Programmplanung durchgeführt wird, die sich dann in der Mengenplanung konkretisiert. Aufbauend auf diesen Daten werden die Kapazitäten und Termine geplant (Vahs & Schäfer-Kunz, 2015). In diesem Kontext stehen produktionswirtschaftliche Anliegen, welche einen großen Einfluss auf die Ziele und die Wettbewerbsfähigkeit haben, im Vordergrund (Thommen et al., 2020). Die Produktionsplanung umfasst dabei die gesamte technische Auftragsabwicklung von der Angebotsbearbeitung bis hin zum Versand. Die Aufgaben berühren dabei verschiedene Bereiche, wie z. B. Vertrieb, Konstruktion, Einkauf und Fertigung (Schuh, 2006).

3.2 Produktionssteuerung

Die Produktionssteuerung umfasst die Funktionsgruppen der integrierten Datenverwaltung, Auftragsveranlassung und Auftragsüberwachung (Hackstein, 1984). Organisatorisch ist diese Disziplin im Ebenenmodell der Produktion der Fertigungsleitebene zuzuschreiben (VDI 5600 Blatt 1:2016-10, 2016). Eine exzellente Steuerung führt zu einem widerstandsfähigem Produktionssystem und ermöglicht die systematische und langfristige Verbesserung der Produktivität sowie Qualität der Prozesse (Lödding, 2016). Voraussetzung für die effiziente Anwendung ist eine detaillierte und vollständige Planung aller Operationen (Schuh & Stich, 2014). In diesem Kontext werden die Ergebnisse der Termin- und Kapazitätsplanung umgesetzt (Vahs & Schäfer-Kunz, 2015). Unter Berücksichtigung einer ökonomischen Verwendung der vorhandenen Unternehmensressourcen erfolgt eine kurzfristige Regelung sämtlicher Abläufe auf Fabrikebene. Hierfür werden die zur Realisierung der vorgegebenen Pläne benötigten Aufträge schrittweise der Fertigung zugeführt und kontinuierlich überprüft. Bei gravierenden Abweichungen sind adäquate Korrekturmaßnahmen einzuleiten (Thommen et al., 2020).

4 Einsatz von Big Data Analytics

Unternehmen befassen sich im Rahmen der Industrie 4.0 zunehmend mit den im Vorfeld beschriebenen Themengebieten. Digital vorliegende Datenmengen können durch innovative Analytics-Verfahren ausgewertet und mit komplettierenden, kontextbezogenen Informationen angereichert werden. Die dahingehende Entwicklung stellt einen der Gründe dar, weshalb solche Methoden vermehrt Einzug in der modernen Produktionsplanung und -steuerung halten (Freitag et al., 2015). In diesem Kapitel der Hausarbeit wird auf entsprechende Anwendungsbereiche eingegangen und anschließend die Potenzialanalyse durchgeführt.

4.1 Anwendungsszenarien

Innovative Planungs- und Steuerungssysteme sowie relevante Datenmanagementmethoden revolutionieren die gesamte Industrie. Unternehmen tätigen wesentliche Investitionen in neue Verfahren, welche im Kontext der steigenden Komplexität eine proaktive Nutzung von Big Data ermöglichen (Dorschel et al., 2015). Die Hauptaufgaben einer modernen, wissensbasierten Produktionsplanung und -steuerung umfassen die Bewertung von Handlungsalternativen und das Vorhersagen von erwarteten Ereignissen oder Zuständen in der Produktion (Denkena, Schmidt & Krüger, 2014; Gölzer, 2017). In diesem Zusammenhang agiert die Big Data Analyse prinzipiell auf Ebene der Prescriptive Analytics. Bei genauerer Betrachtung des Themengebiets lassen sich die drei nachfolgenden Anwendungsbereiche untergliedern.

- *Simulationsgestützte Erstellung von Entscheidungsalternativen*
  Dadurch wird die autonome Durchführung von notwendigen Simulationsstudien ermöglicht. Der Ansatz dient als Entscheidungsgrundlage der Prozessplanung von Unternehmen. Mit der Simulation auf Basis von Big Data Analytics können alternative Handlungsoptionen identifiziert und entsprechende Maßnahmen abgeleitet werden (Denkena et al., 2014; Dorschel et al., 2015).

- *Realisierung laufender Programm- bzw. Sequenzplanungsanpassungen*
  Die steigende Komplexität der Lieferketten, eine zunehmende Produkt- und Variantenvielfalt sowie immer größere Anforderungen an Flexibilität und Servicegrad machen innovative Softwaresysteme erforderlich. Das entstehende Potenzial kann nur durch eine permanente Programm- bzw. Sequenzplanung genutzt werden. Eine Anpassung der Prozesse an die gegenwärtigen Bedingungen ermöglicht z. B. die Ermittlung von geeigneten Ressourcen und optimalen Fertigungsparametern (Denkena et al., 2014; Dorschel et al., 2015).

- *Darstellung von Engpässen und Unterauslastungen*

Der abschließende Teilbereich der Betrachtung umfasst die Darstellung existierender und zukünftiger Engpässe sowie Unterauslastungen. Die ermittelten Ergebnisse werden vom System dargestellt und die Produktion am optimalen Betriebszustand gefahren. Ein auf Big Data Analytics basierendes System ist dabei so performant, dass auch hochgradig komplexe Systeme interaktiv in Sekundenschnelle dargestellt werden können (Dorschel et al., 2015).

4.2 Potenzialanalyse

Zur Ableitung einer strategischen Handlungsempfehlung ist die SWOT-Analyse in einer abgewandelten Form anzuwenden. Das Akronym setzt sich aus den englischen Wörtern Strengths, Weaknesses, Opportunities und Threats zusammen. Sie dient als fundierte Entscheidungsgrundlage für die strategische Positionierung von Produkten, Geschäftsbereichen und Unternehmen (Schawel & Billing, 2011). Das Ziel dieser Betrachtung ist, von den Stärken und Schwächen von Big Data Analytics auszugehen und diese mit den Chancen und Risiken des Einsatzes in der modernen Produktionsplanung und -steuerung zu kombinieren. Abschließend kann anhand der sogenannten SWOT-Analyse-Matrix eine prägnante Strategieempfehlung für Unternehmen abgeleitet werden. SO-, WO-, ST- und WT-Strategien bilden dabei Szenarien, welche wiederum einfache und transparente Analysen erlauben (Kreikebaum, Gilbert & Behnam, 2018).

4.2.1 Durchführung

Für die Erstellung der SWOT-Analyse wurden unter Zuhilfenahme von Literaturrecherche relevante Beiträge ermittelt, die eine Ableitung der spezifischen Beurteilungskriterien ermöglichen. Hierzu erfolgte eine Durchsuchung verschiedener Datenbanken anhand der Verwendung von kontextbezogenen Suchtermini. Nach detaillierter Sichtung lässt sich feststellen, dass diese in den grundlegenden Aussagen übereinstimmen.

4.2.1.1 Stärken (Strengths)

Eine große Stärke von Big Data Analytics liegt in der beträchtlichen Menge vorhandener Daten begründet. Die Fülle an Datenquellen vervielfacht sich in der gegenwärtigen Situation nahezu konstant. Dabei führt vor allem die zunehmende Verschmelzung der physikalischen mit der digitalen Welt und die voranschreitende Digitalisierung zu einem rapiden Wachstum der Datenbestände im IoT. Eine verstärkte RFID-Nutzung lässt diese Datenflut weiter ansteigen (Baumann, Brunner & Tokarski, 2020; BITKOM, 2012; Denkena et al., 2014; Oussous et al., 2018; Pistorius, 2020).

Dem Bereich Big Data Analytics wird darüber hinaus zukünftig eine sehr hohe Bedeutung zugeschrieben. Unternehmen zeigen wachsendes Interesse an diesen Technologien und beginnen vermehrt, entsprechende Systeme in die internen Prozesse zu integrieren. Zukünftig bilden Daten und das daraus abgeleitete Wissen den vierten Produktionsfaktor. Verantwortlich hierfür ist auch die jederzeitige Verfügbarkeit und Abrufbarkeit von Informationen. Mithilfe von Big Data Analytics-Verfahren lancieren Unternehmen demzufolge zu einem Top-Performer am Markt (Dorschel et al., 2015; Lavalle et al., 2011; Pistorius, 2020).

Eine weitere Stärke liegt in den verbesserten und kostengünstigeren Technologien. Die verfügbaren Tools haben sich in den letzten Jahren erheblich sublimiert. Im Allgemeinen sind die erforderlichen Komponenten mittlerweile nicht unerschwinglich teuer und ein Großteil der Software ist Open Source. Die technologischen Fortschritte in der Erfassung, Verarbeitung und Speicherung von Daten stellen den entscheidenden Treiber für die Nutzung von Big Data Analytics in Produktionsunternehmen dar. Die verwendeten Frameworks kombinieren Standardhardware mit Open-Source-Software (Dorschel et al., 2015; McAfee & Brynjolfsson, 2012).

4.2.1.2 Schwächen (Weaknesses)

Die prägnanteste Schwäche bei Big Data Analytics liegt in der unzureichenden Erfahrung und mangelnden Kenntnis der Unternehmen. Zur Einführung einer solchen Vorgehensweise sind grundlegende Fähigkeiten und Kenntnisse aus den jeweils betroffenen Fachbereichen notwendig. Des Weiteren benötigen kleine und mittlere Organisationen Unterstützung im Sinne eines integrierten Wissenstransfers, damit eine fundierte Auswertung der erfassten Daten möglich ist. Aktuell gibt es nicht genügend Personen, die eine umfassende Analyse an großen Datenmengen ausführen können (Ahmadi et al., 2016; Davenport et al., 2012; März & Weigert, 2011; NESSI, 2012; Shaw, 2014).

Eine weitere große Schwäche von Big Data ist das Risiko einer schlechten Daten- und Analysequalität. Beim Umgang mit Analytics-Verfahren treten zwangsläufig Qualitätsprobleme auf, welche sich im Kontext von Big Data verschärfen. Dadurch können Datenforschende irrtümliche Assoziationen aus zufälligen Korrelationsereignissen ziehen. Dieser Umstand intensiviert sich insbesondere dann, wenn die Erfahrung bei der Analyse von spezifischen Daten fehlt (Ahmadi et al., 2016; Shaw, 2014; Silva et al., 2019).

Weitere Einschränkungen entstehen hinsichtlich der Partizipation von Big Data Analytics-Verfahren in den Unternehmenskontext. Eine nicht zu unterschätzende Herausforderung stellt bislang die Einbeziehung von Data Mining in die konkreten Arbeitsabläufe (z. B. als Regelkreis) dar. Dabei spielt weniger die Technologie, sondern vielmehr die vorherrschende

Unternehmenskultur sowie das Management eine entscheidende Rolle (Dorschel et al., 2015; Weskamp, Tamas, Wochinger & Schatz, 2014).

4.2.1.3 Chancen (Opportunities)

Die wesentliche Chance beim Einsatz von Big Data Analytics in der Produktionsplanung und -steuerung liegt in der Minimierung von Kosten. Data Mining-Anwendungen ermöglichen es, Hypothesen zu untersuchen und bestehende Prozesse logisch zu hinterfragen. Durch eine integrierte und effiziente Planung und Steuerung der Produktionsaufträge wird bei minimalem Working Capital ein optimaler Ressourceneinsatz und Kapitalumschlag gewährleistet. Auf diese Weise können wiederum entstehende Produktionskosten reduziert und die erbrachte Leistung gesteigert werden (Dorschel et al., 2015; Pistorius, 2020).

Ein weiter Punkt befasst sich mit der Erhöhung der Reaktionsfähigkeit. Der dahingehende Trend in Richtung volatiler Märkte erschwert die Planbarkeit in kurz- und mittelfristigen Zeithorizonten. Es wird zukünftig zunehmend wichtiger, die Abstimmungszyklen auf jeder Leistungsstufe der Produktion und Logistik zu verkürzen. Die transparenten und quasi in Echtzeit vorliegenden Daten enthalten sowohl statische als auch dynamische Informationen. Dies ermöglicht eine maximale Anpassungsfähigkeit der Prozessplanung und Fertigungssteuerung und bildet die Grundlage zur Überwachung des gesamten Lebenszyklus (Denkena et al., 2014; Dorschel et al., 2015).

Darüber hinaus kann mit der Anwendung eine Qualitäts- und Effizienzsteigerung sowie eine zunehmende Prozesssicherheit erzielt werden. Durch eine Verwendung entsprechender Verfahren können datengesteuerte Entscheidungen getroffen werden. Diese sind in Hinblick auf Qualität und Effizienz der reinen Intuition überlegen. In Kombination mit Digital-Factory-Simulationen kann Big Data Analytics Schwachstellen von Produktionsprozessen erkennen und Beiträge zu deren substanzieller Verbesserung leisten. Bei Abweichungen vom festgelegten Standard werden umgehend Gegensteuerungsmaßnahmen eingeleitet (BITKOM, 2012; Lucks, 2017; McAfee & Brynjolfsson, 2012).

Im Bereich der Industrie 4.0 ist der Einsatz neuer Technologien unumgänglich. In Unternehmen werden bereits verschiedene Informations- und Kommunikationstechniken angewendet. Eine Verwendung von Big Data Analytics erzeugt im Kontext einer Smart Factory zusätzliche Synergieeffekte. Durch eine erhöhte Informations- und Systemqualität sowie der optimierten Prozesstransparenz kann die Wettbewerbsfähigkeit von Unternehmen verbessert werden (Dorschel et al., 2015; Steven & Dörseln, 2020).

4.2.1.4 Risiken (Threats)

Ein entscheidendes Risiko stellt die Datensicherheit bzw. Cybersicherheit dar. Big Data kann dabei bis zu einem gewissen Grad als zweischneidiges Schwert angesehen werden. Aufgrund der Verarbeitung von Massendaten sind die Probleme der Sicherheit in der Regel groß und führen zu Herausforderungen in Unternehmen. Risiken sind hierbei vor allem interne Störungen und externe Attacken. Je mehr vertrauliche Informationen in unternehmerischen Datenbanken abgelegt werden, desto attraktiver erscheinen diese potenziellen Hackern. In komplexen Big Data Architekturen ist der Datensicherheit eine Schlüsselposition zuzuschreiben (Gabriel, 2020; Raabe & Wagner, 2016).

Ein weiteres Risiko besteht in der fehlenden Definition von einheitlichen Richtlinien und Standards. Vor allem im Bereich der Privatsphäre, Rechtssicherheit und des geistigen Eigentums entstehen durch die neuen technologischen Entwicklungen von Hard- und Software zusätzliche Handlungsfelder. Ein zentrales Risiko der Big Data Analytics stellt die Identifizierbarkeit von Personen dar. In diesem Kontext muss die gesetzgebende Instanz entsprechende soziale und rechtliche Rahmenbedingungen schaffen, bevor ein flächendeckender Rollout stattfinden kann (Desoi, 2018; Dorschel et al., 2015; Heuberger-Götsch & Burkhalter, 2014; Raabe & Wagner, 2016).

Ein nicht zu vernachlässigendes Risiko stellen mögliche Fehlinterpretationen dar. Der Analyseprozess ist hochgradig interaktiv und benötigt intensive menschliche Kontrolle. Durch die Verwendung entsprechender Tools können leicht fehlerhafte Rückschlüsse entstehen, wenn entsprechendes Hintergrundwissen über den Prozess und die Methoden fehlt. Ausgehend von einer falschen Korrelation der Ergebnisse werden irrtümliche Entscheidungen getroffen, die den wirtschaftlichen Erfolg eines ganzen Unternehmens gefährden können. Nur wenige Personen besitzen die Fähigkeit, die von der Software generierten Schlussfolgerungen zu prüfen (Franks, 2012; Kläs, 2016; Marcus & Davis, 2014; Silva et al., 2019).

4.2.2 Strategieableitung

Die Durchführung der SWOT-Analyse ermöglicht abschließend eine Ableitung strategischer Handlungsempfehlungen. Für die Anwendung von Big Data Analytics in der Produktionsplanung und -steuerung ist demnach die SO-Strategie empfehlenswert. Unter Einsatz der vorhandenen Stärken sollen die möglichen Chancen wahrgenommen werden (Kreikebaum et al., 2018). Das bedeutet, dass bei Unternehmen die Implementierung von Big Data Analytics voranzutreiben ist, um die entstehenden Potenziale der Synergieeffekte, Kostenminimierung, Prozesssicherheit, Qualitäts- und Effizienzsteigerung und Reaktionsfähigkeit zu nutzen. Die aufgeführten Schwächen und Risiken werden im Kontext des technologischen Fortschritts nahezu vollständig eliminiert.

5 Fazit

Ziel dieser Hausarbeit war es zu evaluieren, inwieweit der Einsatz von Big Data Analytics einen Mehrwert im Bereich der modernen Produktionsplanung und -steuerung von Unternehmen darstellt und daraus eine Strategie abzuleiten. Abschließend werden die grundlegenden Aussagen der Arbeit nochmals zusammengefasst und reflektiert.

Eine vorangestellte Betrachtung der verschiedenen Technologien zeigt, dass vor allem den Bereichen Big Data und Analytics eine große Bedeutung zuzuschreiben ist. Auf Basis der definierten Entwicklungszeiträume nach Gartner befindet sich diese Disziplin aktuell auf der Zielgeraden zum Produktivitätsplateau. Zukünftig können digital vorliegende Datenmengen mithilfe von innovativen Analytics-Methoden ausgewertet und mit komplettierenden, kontextbezogenen Informationen angereichert werden.

In Zusammenhang mit Industrie 4.0 entstehen im industriellen Umfeld neue Anwendungsgebiete. Neben Bereichen wie z. B. Vertrieb und Controlling wird Big Data Analytics auch in der Produktionsplanung und -steuerung immer häufiger eingesetzt. Dabei können Unternehmensprozesse durch laufende Programm- und Sequenzplanungsanpassungen, simulationsgestützte Anfertigung von Entscheidungsalternativen und einer Darstellung von Engpässen und Unterauslastungen unterstützt werden.

Eine SWOT-Analyse zeigt, dass die generellen Stärken von Big Data Analytics in der großen Menge bereitgestellter Daten, in den verbesserten Technologien und einer hohen wirtschaftlichen Bedeutung liegen. Diese Kriterien müssen verwendet werden, um die daraus resultierenden Chancen bestmöglich auszuschöpfen. Dazu zählen Kostenreduzierungen, Synergieeffekte, Qualitäts- und Effizienzsteigerungen sowie eine Erhöhung der Reaktionsfähigkeit und Prozesssicherheit. Vorhandene Schwächen und Risiken dürfen nicht vernachlässigt werden, zukünftige technologische Entwicklungen und die Anpassung gesetzlicher Rahmenbedingungen ermöglichen jedoch eine starke Reduktion dieser Faktoren.

Obwohl die Menge der verfügbaren Daten und die vorhandenen Technologien nie zuvor realisierbare Anwendungen ermöglichen, muss zukünftig darauf geachtet werden, die Analyse gekonnt in das Unternehmensumfeld zu implementieren. Unternehmenskultur, Mitarbeitende und Management sind nur einige Teilbereiche, welche dabei eine entscheidende Rolle spielen. Fehlt die benötigte Fachexpertise oder wird kein fundierter Changemanagement-Prozess initialisiert, scheitern dementsprechende Vorhaben.

6 Literaturverzeichnis

Ahmadi, M., Dileepan, P. & Wheatley, K. K. (2016). A SWOT analysis of big data. *Journal of Education for Business, 91* (5), 289–294. doi:10.1080/08832323. 2016.1181045

Anderl, R. (2015). Industrie 4.0 – technological approaches, use cases, and implementation. *at - Automatisierungstechnik, 63* (10). doi:10.1515/auto-2015-0025

Banerjee, A., Bandyopadhyay, T. & Acharya, P. (2013). Data Analytics: Hyped Up Aspirations or True Potential? *Vikalpa: The Journal for Decision Makers, 38* (4), 1–12. doi:10.1177/0256090920130401

Baumann, F. F., Brunner, N. B. & Tokarski, K. O. (2020). Big Data Analytics. In Schellinger, J., Tokarski, K. O. & Kissling-Näf, I. (Hrsg.), *Digitale Transformation und Unternehmensführung* (S. 223–248). Wiesbaden: Springer Fachmedien Wiesbaden. doi:10.1007/978-3-658-26960-9_9

Bendel, O. (2019). Definition: Industrie 4.0. Springer Fachmedien Wiesbaden GmbH. Verfügbar unter: https://wirtschaftslexikon.gabler.de/definition/industrie-40-54032/ version-368841 (1.12.2020).

DITKOM. (2012). *Big Data im Praxiseinsatz - Szenarien, Beispiele, Effekte.* Berlin: Bundesverband Informationswirtschaft, Telekommunikation und neue Medien e.V.

BITKOM. (2014). *Industrie 4.0 - Volkswirtschaftliches Potenzial für Deutschland.* Berlin: Bundesverband Informationswirtschaft, Telekommunikation und neue Medien e.V. Verfügbar unter: http://elibrary.vahlen.de/index.php?doi=10.15358/0935-0381-2015-8-9-515 (1.12.2020).

Bloching, B., Leutiger, P., Oltmanns, T., Rossbach, C., Schlick, T., Remane, G. et al. (2015). *Die digitale Transformation der Industrie - Eine europäische studie von Roland Berger Strategy Consultants im Auftrag des BDI.* (S. 52). München: Roland Berger Strategy Consultants GmbH.

BMAS. (2015). *Grünbuch Arbeiten 4.0.* Berlin. Verfügbar unter: https://issuu.com/sup port.bmaspublicispixelpark.de/docs/gruenbuch-arbeiten-vier-null/1 (15.10.2020).

Broy, M. (Hrsg.). (2010). *Cyber-Physical Systems - Innovation durch softwareintensive eingebettete Systeme.* Berlin, Heidelberg: Springer Berlin Heidelberg. doi:10.1007/ 978-3-642-14901-6

Chen, M., Mao, S. & Liu, Y. (2014). Big Data: A Survey. *Mobile Networks and Applications,*

19 (2), 171–209. doi:10.1007/s11036-013-0489-0

Davenport, T. H., Barth, P. & Bean, R. (2012). How 'Big Data' Is Different. *MITSloan Management Review, Vol. 54* (No. 1), 22–24.

Davenport, T. & Harris, J. G. (2007). *Competing on analytics: the new science of winning.* Boston, Mass: Harvard Business School Press.

Delen, D. (2015). *Real-world data mining: applied business analytics and decision making.* Upper Saddle River, New Jersey: Pearson Education LTD.

Denkena, B., Schmidt, J. & Krüger, M. (2014). Data Mining Approach for Knowledge-based Process Planning. *Procedia Technology, 15,* 406–415. doi:10.1016/j.protcy. 2014.09.095

Desoi, B. U. (2018). Risiken und Chancen. *Big Data und allgemein zugängliche Daten im Krisenmanagement* (S. 31–38). Wiesbaden: Springer Fachmedien Wiesbaden. doi:10.1007/978-3-658-21292-6_3

Dorschel, J., Dorschel, W., Föhl, U., van Geenen, W., Hertweck, D., Kinitzki, M. et al. (2015). Wirtschaft. In Dorschel, J. (Hrsg.), *Praxishandbuch Big Data* (S. 15–166). Wiesbaden: Springer Fachmedien Wiesbaden. doi:10.1007/978-3-658-07289-6_2

Dorschel, W. & Dorschel, J. (2015). Einführung. In Dorschel, J. (Hrsg.), *Praxishandbuch Big Data* (S. 1–13). Wiesbaden: Springer Fachmedien Wiesbaden. doi:10.1007/978-3-658-07289-6_1

Dumbill, E. (2010). The SMAQ stack for big data. Verfügbar unter: http://radar.oreilly.com/ 2010/09/the-smaq-stack-for-big-data.html (5.12.2020).

Emmerich, V., Döbele, M., Bauernhansl, T., Paulus-Rohmer, D., Schatz, A. & Weskamp, M. (2015). *Geschäftsmodell-Innovationen durch Industrie 4.0: Chancen und Risiken für den Maschinen- und Anlagenbau.* München: Dr. Wieselhuber & Partner GmbH, Fraunhofer IPA.

Fleisch, E., Weinberger, M. & Wortmann, F. (2015). Geschäftsmodelle im Internet der Dinge. *Schmalenbachs Zeitschrift für betriebswirtschaftliche Forschung, 67* (4), 444–465. doi:10.1007/BF03373027

Franks, B. (2012). *Taming the big data tidal wave: finding opportunities in huge data streams with advanced analytics.* Hoboken, New Jersey: Wiley.

Freitag, M., Kück, M., Ait Alla, A. & Lütjen, M. (2015). Potenziale von Data Science in Produktion und Logistik: Teil 2 - Vorgehensweise zur Datenanalyse und Anwendungsbeispiele. *Industrie 4.0 Management, 35,* 39–46.

20

Gabriel, R. (2020). Datensicherheit für Big Data-Anwendungen. In Steven, M. & Klünder, T. (Hrsg.), *Big Data: Anwendung und Nutzungspotenziale in der Produktion*. Stuttgart: Kohlhammer Verlag. Verfügbar unter: https://public.ebookcentral.proquest.com/choice/publicfullrecord.aspx?p=6119324 (12.12.2020).

Gandomi, A. & Haider, M. (2015). Beyond the hype: Big data concepts, methods, and analytics. *International Journal of Information Management, 35* (2), 137–144. doi:10.1016/j.ijinfomgt.2014.10.007

Gartner. (o. J.). Definition of Big Data - Gartner Information Technology Glossary. *Gartner.* Verfügbar unter: https://www.gartner.com/en/information-technology/glos-sary/big-data (5.12.2020).

Gartner. (2014). Hype Cycle for Emerging Technologies, 2014. *Gartner.* Verfügbar unter: https://www.gartner.com/en/documents/2809728/hype-cycle-for-emerging-tech-nologies-2014 (27.11.2020).

Gölzer, P. (2017). *Big Data in Industrie 4.0 - Eine strukturierte Aufarbeitung von Anforderungen, Anwendungsfällen und deren Umsetzung.* Friedrich-Alexander-Universität Erlangen-Nürnberg (FAU). Verfügbar unter: https://opus4.kobv.de/op-us4-fau/frontdoor/index/index/docId/8106 (27.11.2020).

Hackstein, R. (1984). *Produktionsplanung und -steuerung (PPS).* Düsseldorf: VDI-Verl.

Hackstein, R. (1989). *Produktionsplanung und -steuerung (PPS): Ein Handbuch für die Betreibspraxis* (2. Auflage). Düsseldorf: VDI-Verl.

Hartmann, P. M., Zaki, M., Feldmann, N. & Neely, A. (2014). *Big Data for Big Business? A Taxonomy of Data-driven Business Models used by Start-up Firms.* (S. 30). Cambridge: University of Cambridge.

Henke, N., Bughin, J. & Chui, M. (2016, Dezember 16). Most Industries Are Nowhere Close to Realizing the Potential of Analytics. *Harvard Business Review.* Verfügbar unter: https://hbr.org/2016/12/most-industries-are-nowhere-close-to-realizing-the-po-tential-of-analytics (11.12.2020).

Heuberger-Götsch, O. & Burkhalter, T. (2014). Datenschutz in Zeiten von Big Data. *HMD Praxis der Wirtschaftsinformatik, 51* (4), 480–493. doi:10.1365/s40702-014-0042-z

Kagermann, H., Wahlster, W. & Helbig, J. (2013). *Umsetzungsempfehlungen für das Zukunftsprojekt Industrie 4.0.* Frankfurt/Main: Forschungsunion/acatech.

King, S. (2014). *Big Data.* Wiesbaden: Springer Fachmedien Wiesbaden. doi:10.1007/ 978-

3-658-06586-7

Kläs, M. (2016, Oktober 14). Data Quality - A BIG Challenge for BIG Data. *Fraunhofer IESE.* Verfügbar unter: https://www.iese.fraunhofer.de/blog/quantity-over-quality-mistake/ (12.12.2020).

Koch, V., Kuge, S., Geissbauer, R. & Schrauf, S. (2014). *Industrie 4.0 - Chancen und Herausforderungen der vierten industriellen Revolution.* München: PwC und Strategy&.

Kreikebaum, H., Gilbert, D. U. & Behnam, M. (2018). *Strategisches Management* (8., überarbeitete Auflage). Stuttgart: Verlag W. Kohlhammer.

Kreutzer, R. T., Neugebauer, T. & Pattloch, A. (2017). *Digital Business Leadership: digitale Transformation - Geschäftsmodell-Innovation - agile Organisation - Change-Management.* Wiesbaden: Springer Gabler.

Lavalle, S., Lesser, E., Shockley, R., Hopkins, M. S. & Kruschwitz, N. (2011). Big Data, Analytics and the Path From Insights to Value. *MITSloan Management Review, 52* (2), 21–32.

Leveling, J., Edelbrock, M. & Otto, B. (2014). Big data analytics for supply chain management. *2014 IEEE International Conference on Industrial Engineering and Engineering Management* (S. 918–922). Gehalten auf der 2014 IEEE International Conference on Industrial Engineering and Engineering Management, Malaysia: IEEE. doi:10.1109/IEEM.2014.7058772

Lödding, H. (2016). *Verfahren der Fertigungssteuerung: Grundlagen, Beschreibung, Konfiguration* (3. Auflage). Berlin Heidelberg: Springer Vieweg.

Lucks, K. (2017). Pfade der BMW-Werke zu Smart Factories der Industrie 4.0. In Lucks, K. (Hrsg.), *Praxishandbuch Industrie 4.0: Branchen - Unternehmen - M&A.* Stuttgart: Schäffer-Poeschel Verlag.

Marcus, G. & Davis, E. (2014, April 6). Eight (No, Nine!) Problems With Big Data. *The New York Times.* Verfügbar unter: https://www.nytimes.com/2014/04/07/opinion/ eight-no-nine-problems-with-big-data.html (12.12.2020).

Marr, B. (2014). Big Data: The 5 Vs Everyone Must Know. Verfügbar unter: https://www.linkedin.com/pulse/20140306073407-64875646-big-data-the-5-vs-everyone-must-know (5.12.2020).

März, L. & Weigert, G. (2011). Simulationsgestützte Optimierung. In März, L., Krug, W., Rose, O. & Weigert, G. (Hrsg.), *Simulation und Optimierung in Produktion und Logistik* (S. 3–12). Berlin, Heidelberg: Springer Berlin Heidelberg. doi:10.1007/978-3-642-14536-0_1

McAfee, A. & Brynjolfsson, E. (2012). Big Data: The Management Revolution. *Harvard Business Review, 90* (10), 60–68.

Moore, G. E. (1965). Cramming More Components onto Integrated Circuits. *Electronics, 38,* pp 114-117.

NESSI. (2012). *Big Data - A New World of Opportunities.* Networked European Software and Services Initiative.

Oussous, A., Benjelloun, F.-Z., Ait Lahcen, A. & Belfkih, S. (2018). Big Data technologies: A survey. *Journal of King Saud University - Computer and Information Sciences, 30* (4), 431–448. doi:10.1016/j.jksuci.2017.06.001

Pistorius, J. (2020). Big Data und Analytics. *Industrie 4.0 – Schlüsseltechnologien für die Produktion* (S. 27–39). Berlin, Heidelberg: Springer Berlin Heidelberg. doi:10.1007/978-3-662-61580-5_4

Raabe, O. & Wagner, M. (2016). Verantwortlicher Einsatz von Big Data: Ein Zwischenfazit zur Entwicklung von Leitplanken für die digitale Gesellschaft. *Datenschutz und Datensicherheit - DuD, 40* (7), 434–439. doi:10.1007/s11623-016-0632-8

Schawel, C. & Billing, F. (2011). SWOT-Analyse. *Top 100 Management Tools* (S. 182–183). Wiesbaden: Gabler. doi:10.1007/978-3-8349-6605-6_82

Schuh, G. (Hrsg.). (2006). *Produktionsplanung und -steuerung: Grundlagen, Gestaltung und Konzepte* (3. Auflage). Berlin: Springer.

Schuh, G. & Stich, V. (Hrsg.). (2014). *Enterprise-Integration: auf dem Weg zum kollaborativen Unternehmen.* Berlin: Springer Vieweg.

Shafiq, S. I., Sanin, C., Szczerbicki, E. & Toro, C. (2015). Virtual Engineering Object / Virtual Engineering Process: A specialized form of Cyber Physical System for Industrie 4.0. *Procedia Computer Science, 60,* 1146–1155. doi:10.1016/j.procs. 2015.08.166

Shaw, J. (2014). Why "Big Data" Is a Big Deal. *Harvard Magazine.* Verfügbar unter: https://harvardmagazine.com/2014/03/why-big-data-is-a-big-deal (11.12.2020).

Siepermann, C. (2018). Definition: Produktionsplanung und -steuerung. Springer Fachmedien Wiesbaden GmbH. Verfügbar unter: https://wirtschaftslexikon.gabler.de/definition/produktionsplanung-und-steuerung-51585/version-274746 (7.12.2020).

Silva, J., Pineda Lezama, O. B., Romero, L., Solano, D. & Fernández, C. (2019). Risk Analysis of Using Big Data in Computer Sciences. *Procedia Computer Science, 160,* 532–537. doi:10.1016/j.procs.2019.11.052

Spath, D., Ganschar, O., Gerlach, S., Hämmerle, M., Krause, T. & Schlund, S. (2013). *Produktionsarbeit der Zukunft - Industrie 4.0: Studie*. Stuttgart: Fraunhofer IAO.

Steven, M. & Dörseln, J. N. (2020). Smart Factory - Einführung. In Steven, M. & Dörseln, J. N. (Hrsg.), *Smart Factory Einsatzfaktoren - Technologie - Produkte*. Stuttgart: W. Kohlhammer.

Thommen, J.-P., Achleitner, A.-K., Gilbert, D. U., Hachmeister, D., Jarchow, S. & Kaiser, G. (2020). Produktionsplanung und -steuerung (PPS). *Allgemeine Betriebswirtschaftslehre* (9. Auflage, S. 205–214). Wiesbaden: Springer Fachmedien Wiesbaden. doi:10.1007/978-3-658-27246-3_17

Vahs, D. & Schäfer-Kunz, J. (2015). *Einführung in die Betriebswirtschaftslehre* (7. Auflage). Stuttgart: Schäffer-Poeschel Verlag.

VDI. (1992). *Lexikon der Produktionsplanung und -steuerung. Begriffszusammenhänge und Begriffsdefinitionen* (4. Auflage). Düsseldorf: VDI-Verl.

VDI 5600 Blatt 1:2016-10. (2016). Fertigungsmanagementsysteme (Manufacturing Execution Systems - MES). VDI-Verl.

Weskamp, M., Tamas, A., Wochinger, T. & Schatz, A. (2014). *Studie Einsatz und Nutzenpotenziale von Data Mining in Produktionsunternehmen*. (S. 42). FraunhoferIPA. Verfügbar unter: https://www.ipa.fraunhofer.de/content/dam/ipa/de/documents/Publikationen/Studien/Studie_DataMininginProduktionsunternehmen.pdf (11.12.2020).

Wu, X., Zhu, X., Wu, G.-Q. & Ding, W. (2014). Data mining with big data. *IEEE Transactions on Knowledge and Data Engineering, 26* (1), 97–107. doi:10.1109/ TKDE. 2013.109